NUMMERSAGAN

THE NUMBER STORY

SMALL BOOK ONE

ENGLISH - SWEDISH

---

*Numbers Teach Children
Their Number Names*

written and illustrated by

MISS ANNA

Early Reader Edition of *The Number Story 1*
Bronze Medal Winner, 2016 Wishing Shelf Book Award

Library of Congress Control Number: 2018902040

Names: Miss Anna, author.
Title: Number story : numbers teach children their number names / Miss Anna.
Description: Portland, OR: Lumpy Publishing, 2018.
Identifiers: ISBN 978-1-945977-35-0 | LCCN 2018902040
Summary: The pictures and rhymes present stories which introduce numbers 0-10.
Subjects: LCSH Numeration—English—Swedish--Pictorial works--Juvenile literature. | BISAC JUVENILE NONFICTION /
Languages: English--Swedish
Classification: LCC QA141.3 .M57 2018 | DDC 513—dc23

Publisher: Lumpy Publishing
Website: www.missannabooks.com
Email: missanna@missannabooks.com

Paperback: ISBN 978-1-945977-35-0
Printed in the U.S.A.   1 3 5 7 9 10 8 6 4 2

Vill ni lära er våra
nummer-namn?

It is very easy and a lot of fun!

Det är väldigt lätt och väldigt kul!

Say-along our little jingle

Häng med på vår lilla sång

starting from Number One!

När vi startar från nummer ett!

1

ONE looks like my one finger.

ETT

ser ut som mitt finger.

ONE!
ETT!

2
TWO trails a tail.
TVÅ
följs av svans.

A TAIL! EN SVANS!

3

THREE   has bumps.

TRE

har gupp.

BUMPY! GUPPIGT!

4

FOUR carries a sail.

FYRA

bär segel.

4
A SAIL!
EN SEGEL!

5

FIVE   is a racing track.

FEM

är en racingbana.

VROOM
VROOM!
1

6

SIX   curves like a snail.

SEX

böjs som en snigel.

A SNAIL!   EN SNIGEL!

7

SEVEN has a sharp angle.

SJU

har ett vasst hörn.

OUCH!

AJ!

8

EIGHT   is rollercoaster rails.

ÅTTA

är en berg-och dalbana.

JIPPI!
YIPPEE!

NINE   is a bubble on a stick.

NIO

är en bubbla på en pinne.

A BUBBLE! EN BUBBLA!

TEN is an eye of a whale.

TIO är ett öga på en val.

HELLO!
HALLÅ!

And
Och

0

ZERO   is an empty pail.

NOLL

är en tom hink.

IT'S EMPTY!
DEN ÄR TOM!

Thank you for playing with us today.

We had a lot of fun too!

Tack för att ni har lekt med oss idag.

Vi hade väldigt roligt också!

We are your Number friends,
Zero to Ten,
Who will be here for you~
Vi är dina nummer-vänner
Noll till Tio
som finns här för dig.

Bye-bye now!
See you again soon!
Hejdå nu!
Vi ses snart igen!